This journal belongs to:

....

....

....

....